Banholzer · Gschenkte Zit

Konstanzer Kleine Reihe

Rosemarie Banholzer

Gschenkte Zit

Neue Sache
zum Nochdenke und Lache

Illustrationen von Beate Padberg

Friedrich Bahn Verlag Konstanz

CIP-Titelaufnahme der Deutschen Bibliothek

Banholzer, Rosemarie:
Gschenkte Zit : neue Sache zum Nochdenke und Lache /
Rosemarie Banholzer. – 1. Aufl. – Konstanz : Bahn, 1989
(Konstanzer Kleine Reihe)
ISBN 3-7621-1903-1

1. Auflage 1989

Satz: Hissek Satz & EDV, Konstanz
Gesamtherstellung:
Jacob Druck GmbH, Konstanz
Printed in Germany
ISBN 3 7621 1903 1

Warum schreib i?

Warum duesch am Schreibblock bicke
anschtatt lange Socke z'schtricke,
wägewa bisch Hobby-Dichter
anschtatt z'läse Beschtsell-Gschichter?
Kausch am Bleistift, muesch sinniere,
während andre dond flaniere;
du muesch hirne, die gond segle
oder zweimol i de Woch zum Kegle;
wenn di äbber frogt, warum?
bisch mol vorsichtshalber schtumm,
aber währendem Vekopfe
duet's im Gwissenskäschtle klopfe
mit de Frog: Wa sag i do?

Schreib i eigentli us Luscht,
oder bau i ab min Fruscht?
Honi gschtaute Gfühl und Träum,
schreib i, weil i suschd vesäum
zum vebessre unsre Welt? –
Eins isch sicher, 's bringt ko Geld. –
Schreib i, weil i eitel bin?
Schreib i Unsinn oder Sinn? –
Meischdens due i a mir selber
zweifle. – Und wie junge Kälber
dund d'Gedanke umebocke,

trotzdem mueß i annehocke
Seit um Seite voll zum schriebe
übers ganze Erdetriebe.

Wenn mi fantasievolls Grunzle
d'Leit zum Lose bringt und Schmunzle,
denn sieh i am Mienespiel:
I soll dichte, meglichschd viel.

D'Natur vezeiht

Im Seewind schauklet d'Weidekätzle,
wenn au de Himmel isch no grau,
e Amselpärle suecht e Plätzle
firs Bruetgschäft vu de Amselfrau.
Es lieht äbs Mildes i de Luft,
wo's Knoschpe duet bewirke.
Vu Sunnischii und Blüeteduft
pfeift's Finkle uf de Birke.
Si Winterkleid leht ab de Wald,
des Starrsii hot e End,
vill Buschwindrösle kummet bald
fir Sträuß in Kinderhänd.
Die Dag sind voller Wachstumswunder,
kon Mensch bliebt devu uuberührt,
me schittlet ab Gedankeplunder
und isch vum Gugucksruef fascht grührt.
Ganz öschterlich sind zmols d'Gedanke,
me bsinnt sich uf die aalte Bräuch,
um's Schenke dond sich d'Versle ranke,
wenn's ringsum tiriliert im Gsträuch.
Me duet e Dutzig Eier färbe,
molt schäne Bildle druf,
gießt d'Krokus, daß se it vederbe,
und rollt en Oschterbisquit uf.

Scho sind se furt, die trüebe Geischter,
's regt sich im winterlahme Gmüet,
d'Freud wird etzd endlich wieder Meischter,
d'Natur vezeiht und grüent und blüeht.

Denket dra

Wenn de Mai etzd kunnt go bald,
macht me d'Maietour in Wald.
Mitnäh duet me Wurscht und Wecke,
au firs Schläfle no e Decke,
weil vum Trimm-Dich glei bisch gschafft,
hoffentli hot niemed gafft.
So noch vier – fümf Kilemeter
quer durch's Unterholz und später,
wenn de Richtung homwärts gohsch,
vor so manchem Grillplatz stohsch:

Do sind Büxe, Flasche, Bier
halbegleert und Schtucke vier
leere Zigeretteschachtle,
ußerdem vum riesig Spachtle
Reschte im Staniolbapier,
fir de Wald e „Umweltzier".
Witer dine lieget Becher
vume Kreis vu „stille" Zecher,
jo sogar en Ranke Speck
lieht veschmäht im feuchte Dreck.

Wenn de Mai etzd kunnt go bald
findet me i jedem Wald
wieder des, wa d'Leit it wend,
des isch halt de Wohlstandstrend.

Öl-Kanischter, Krüegle, Kischte,
alles wa vum Keller-mischte
übrig war, des lieht im Wald,
wenn de Mai etzd kunnt go bald.
Maietürler, denket dra,
Abfall ghert in Wald it na.

's Primele

I bring dir e Primele
sunnegoldgäel,
des soll dir sage,
daß i mi quäl
mitem winterharsch-
rauhborschtige Schtolz,
aber des i de Bruscht dinne,
wo so ufmüpfig klopft,
isch useme ganz
andere Holz.

Due's Primele
all Dag schä gieße,
und schtell's anen
sunnige Platz,
denn wird's beschtimmt
nägschd Johr uf's neu
goldig schprieße,
iberhaupt, wenn's
bluemig „Vezeih mer"
it war fir d'Katz.
E sunnegäels Primele
druck i dir i d'Hand,
des soll dir zeige,
daß i alles veschtand.

PA. 84

Müsli-Welle

Nochdem de Wohlstand kumme war
und d'Läbensmittel nimme rar,
hot mancher Bürger erscht entdeckt,
daß es ihm halt vill länger schmeckt,
als eigentli er bruuche dät,
und plötzlich war die Sach scho zspät.
Wäg Übergwicht mit Folgeschäde
vekürzt me sich des schäne Läbe,
zvill Cholestrin und Diabetes
hei jeder zweite bald, so steht des
im Gsundheitsblatt, und do heißt's au:
„Iß Müsli, Körner, kumm, sei schlau,
mach streng Diät, und jo it süeß,
denk a die wüeschde dicke Füeß,
wenn allzvill salzesch, meid au's Fett,
du witt doch knuschprig si und nett.
Mit Dinkelbrot und Roggemehl,
Schwarzwurzle roh und Rüeble gäel
kriegsch runter alle Rettungsring
samt sellem vorgewölbte Ding,
wo trotzem Kummet it veflacht,
und wenn des no so eng hosch gmacht."
Kurzum, me kämpft mit Müsli-Welle
drei ganze Johr – und etzd vezelle
die i de Zitig wieder heit:
Umdenke munder endlich, Leit!

Lond ab vum ewig Müsli-esse,
des Körnerzeigs dond schnell vegesse,
ihr hond suschd Mangel und it z'knapp,
ko Wunder, sinder allheg schlapp.
„Tierische Fette nicht verteufeln",
hot Dr. Bräuer gseht, sunschd häufeln
sich Kreislaufschwäche, Müdigkeit,
die Faschterei goht vill zu weit.

Gemischt derf's Esse wieder sei,
es soll au ruhig wäng Butter nei,
vu jedem äbbes soll me koche,
nu Schweinis ite, wäg de Knoche,
vill Vitamine, Mineralie –
es isch vor allem ko Lappalie,
wenn d'alles Gschriebene mache wottsch,
zerschd d'Widersprüch vedaue sottsch.

E Huus am See

Wämme mi gfrogt hot, wani wett,
war i am liebschde schtumm.
E Huus am See hett i gern ghett,
mit Gärtle ganz ringsrum.
Daß d'Welle rauschet vor de Dür,
e Bootle gumpet det am Schteg,
daß d'Bank am Ufer ghert nu mir
und Weide schtond am Weg,
des war vum Wunschbild nu en Deil
und's Wichtigscht sicher it,
trotzdem hot d'Schpur vum Seeleheil
ewäng äbs z'due demit.

Vemesse war des Trome halt,
drum hot sich nint erfüllt,
wenn's Läbe hinnenab goht bald,
sind d'Wünsch vu selber gschtillt.
Vill meh no hett i gwünscht mir so –
au des war zvill velangt –
e guets Vu-Mensch-zu-Mensch-Veschtoh
bim Losloo vu de Kinderhand.
Wämme mi frogt, wani gern hett,
blieb i au wieter schtumm –
e Huus am See hett i gern ghett
mit Rosehag drumrum.

Gimmer au e Schtuck

Zum z'Morge-Esse mueß me Zitig läse, des ghert zumene optimale Frühschtücksgnuß, oder? – Ob me bolitisch intressiert isch, ob me Fueßballschpielergäbnis wisse will, ob me lueget, wer gschtorbe isch oder wer ghirote hot – Zitig isch grad eso netig wie en guete Kaffee. Friener, zu Kaiser Wilhelms Zite oder no vorher, do hond amel nu d'Ehemänner d'Zitig gläse, und nu wenn se guet ufglegt waret, hond se de Famille vorgläse. Natirli it alles, uf kon Fall sell, wo Wünsch het kenne wecke, wie zum Bieschpiel, daß me i dere Säsong fir d'Kleider nu teire Schtoff us Paris nämme dei oder daß d'Huetmode wechslet. Brave Huusfraue waret im Ma so ergäbe, daß se hond gar it meh wisse welle. Wie gseht, fir früenere Zite hot des golte, heit nimme.
Heitzudags kummed am Morge drei oder vier veschlofe a de Kaffeedisch, murmlet „Morge" und „gimmer au e Schtuck". Dodemit monnet se e Schtuck Zitig. Jede Siete macht deno d'Runde, onner nimmt sin Deil mit ufs Örtle, und am End ka d'Mamme luege, wie ses wieder zämmefummlet. Meischdens isch denn de bolitisch

Kommentar im Eigmax ghängt und's Kreizwort-rätsel im Butter. Vum Roman fehlt de Aafang, und desell Zipfel, wie's Kinoprogramm hoßt, isch im Kaffee dunkt gsi und lampet etzd ufgweicht abe. Do wird wellewäg konner behaupte welle, s' Fernsähe dei d'Zitige vedränge.

Bildung

Fernsähe soll bildend si, ob als Obedzitvetrieb oder ganze Dag lang ame verregnete Wocheend. Bilde duet sich denn uf alle Fäll en Schweigekreis. Wenn onner schwätzt, reagiert de ander ärgerlich mit „Pscht!" Bilde werret sich au Parteie wäge de unterschiedliche Programmwünsch, und jeder bildet sich i, sin Film wär de bescht. Denn bildet sich veschiedene Hock-, Trink- und Eßgwohnheite bim Fernsähe. Gebildete dund inere ganz vesunkene Haltung die Sendunge vu de Bildende Kunscht betrachte. Andere dund det na schalte, wo bsunders „gebildete" Körper im Vordergrund schtond. Denn bildet sich bim Dauerfernsähe en krumme Buckel, en vespannte Hals und asehnliche Fettbolschter. Bi de Konsumiererei vu Bildschirm-Gängschterfilm bildet sich je noch Vealagung e Wunschvorschtellung oder e Aggression. Tränle werret sich in blaue Märchenauge vu junge Mädlen bilde, wenn se en aalte Heimetfilm ohne „Happy-end" alueget. Bi de bolitische Sendunge bildet sich linke und rechte Flügel, und die kurz-, mittel- oder langfrischtige Vesprechunge kennet d'Voruussetzung zunere Wahlentscheidung bim Volk bilde. Und denn gieht's natürli au no die ganz richtig bildende Lehrfilm.

Angschtbildende Frankestein- und Dracula-Horror-Film samt sellene amerikanische Thrillerstreife bruucht me it witers erwähne, weil diselle konne Gegesätz bilde zum allgemeine Weltbild.

Seidehauchdünn

Dünn isch dei Seeleleible,
seidehauchdünn,
din Kummer schtoht i de Luft,
grad zum Greife.
Wie soll i dii in Arm nämme,
wie soll i dir Muet mache,
wie dir sage, daß i dir vetrau,
wie dei Uuglück abwende,
wie dei Hand drucke,
wenn du nu Abwehr bisch?

Am schwächschte Glied
lohsch du d'Vezwiflig uus,
und i bi's schwächscht
Glied, weil i di so mag.

Aber Schwachsi isch altmodisch,
feinfüehlige Leit basset
nimme i d'Welt,
du willsch en Schtarke si
und gohsch dra z'Grund,
irgend äbbes i de
ethische Grundmaure wacklet,
irgendwo im Gmüetsplan
schtimmt's nimme,
die ganz Welt isch efange
seidehauchdünn.

Beate

Zuelange wär besser

Es gieht so Dauerpessimischte,
wo nu am Meckere sind,
bi dene sind glei beide Auge
für alles Schäne blind.
Sie nörglet rum de ganze Dag
und suechet noch de Mucke
bi andre Leit, blos it bi sich,
des dät se gwaltig drucke.

Wenn so on triffsch,
no machsch en Boge, suschd
kenntsch no aagschteckt werre,
suech lieber noch me Optimischt,
egal, ob Frau, ob Herre.
Es gieht zwar vill zum Kritisiere
uf dere menschveseuchte Welt,
doch wämmer dät de Muet veliere,
wär's schlechter no um
d'Zukunft bschtellt.

Es gieht so Dauerpessimischte,
wo Kataschtropheheini sind,
die kennet nimme luschdig si,
vegelschtere no jedes Kind.
Durch Räsoniere wird nint besser
mit beide Händ im Hosesack,
de allerroberschd Landvemesser

mag au it's Mecker-Lumpepack.
Zuelange, statt sich's Muul verriiße,
wär gschiider doch amend,
drum kremplet lieber d'Ärmel nuf
und schpucket mol i d'Händ.

Schloflos

I lieg im Bett
mit naßgschwitzte Hoor,
wälz mi riber und niber,
suech kaalte Schtelle
für die hoße Wade,
druck de krampfig Zehe
gege d'Bettlade,
woß mer it z'helfe,
worum grad ii
so plogt si soll und hii.

S'Zimmer isch dumpfig
und eng,
nu e klä wäng
schlofe mecht i,
vegesse, wo's druckt,
aber s'goht it –
de Augedeckel zuckt
all ufe.
Schäfle zelle nutzt nint,
kaaschs it vezwinge,
d'Nacht isch en Dämon,
wo di packt
und noch de Gedanke schnappt.
Machsch schnell s'Licht aa,
luegsch ine Buech,

oder suechsch
noch de velorene Rueh
miteme guete Vorsatz –
denn gond d'Auge
zmols – zue.

Spinnenetzer

Daßes herbschdelet, hot me scho gmerkt, wo d'Spinnenetzer vorem Fenschter und ufem Balkon immer meh worre sind. Zerscht hot me denkt, losses läbe, des Dierle, wo so fliißig isch und mit sim Netz alle Mucke und Schnooke fangt. Aber die Spinnebopple sind efange bis i d'Wohnung innekumme, und do hot mes denn doch messe obe abe firbe. Debei sind so Spinnenetzer die reinschde Kunschtwerk, und me bringt's fascht it fertig, des Spinne-Huus hi z'mache. Eigentli macht so e harmloses Spinnele – uf lateinisch: Tegenaria domestica – de Mensche jo nint. Trotzdem schudderet's om doch ewäng, wämme sich vorstellt, 's kennt om des Spinneviechle mit sine acht Füeß iber's Gsicht krabble im Schlof. Und erscht no so e fette Kreuzspinne – Araneus diadematus – isch direkt uuheimlich, do nitzt au der schä klingend lateinische Name nint.
Fangt me über Spinne a z'spintisiere, denn fallt om sc allerhand ei. Im Sprochgebrauch gieht's zum Bieschpiel Redewendunge wie „im Spinnenetz vu Widersprüch vefange" oder „im Spinnenetz laure, bis me zuepacke ka" oder gar „vum Spinnenetz der Liebe umgarnt". Onner, wo us de Reihe danzt, ischen Spinner, und d'Bemerkung „Du spinnsch" isch glei

e Beleidigung. Degege seht me zum Lange-Fädemache us Woll oder andere Fasere jo au spinne. Über den Zämmehang ka me lang spintisiere – zletscht zabblet me im Spinnenetz vu sine eigene Gedanke.

Im Herbscht

Wämme d'Blätter keie sieht,
kriechet Schatte iber's Gmüet,
irgendwie sind alle Leit
aagschteckt vu de Johreszeit:
Morgens näblig, middags schwül,
i de Nacht scho merkli kühl,
me beklagt sich, daß vubei
d'Summerfreizeit, d'Baderei.

Aber eigentli isch's schad,
z'wehre sich gegs Zite-Rad.
Besser, jede Dag sich freue
a de Gegewart und neue
Muet firs Läbe fasse,
Liebe schenke, jo it hasse,
denn de Herbscht hot au si Guets,
sag doch lieber „Jo, es duet's“
und bring Blueme, solang's gieht,
under d'Mensche, anschtatt Striet.

Es isch schpäter, as me denkt,
aber jeder Dag isch gschenkt.

Gschenkte Zit

Wenn amel d'Weihnachtszit isch kumme,
goht's ane Bache, Kaufe, Rumme,
au duet sich mancher schier vekopfe
wäg Gschenklen oder gar veklopfe
meh Geld, als sei Bütschee vetragt,
d'Venumft wird efter wäng vetagt.

Denn rennt'r det und do vedeile
vill Päcklen, aber zum Veweile
hot's niene glanget, des war schad.
Vor luuter Haschte denn malad
isch hindenoch letschtendli gsi
der brave Mensch vum Her und Hii.

Diselle, wo'r hot beschenkt,
hond heimlich ganz im Stille denkt,
wäng binenander si und schwätze,
des dädet se halt vill meh schätze.
Und so war niemerd richtig froh,
i mon, des machemer nimme so:

Nägschd Johr gieht's eifach witers nint
als gschenkte Zit fir Ma und Kind.

Uussichte

Leit gieht's mit zweierlei Gsichter,
die hond's praktisch:
wenn se ei Gsicht velieret,
hond se immer no oes in Reserve.
Dene ihrne Sicht isch au dopplet,
aber defir isch d'Weitsicht deilt
und d'Iisicht wäng iigschränkt,
s'Gsichtsfeld hot veschwummene Konture,
gsichtspunktmäßig werret se glenkt. –
Gsichtet werret diselle Zweigsichtige
iberall do, wo au die Gsichtslose sind.
Leit mit zweierlei Gsichter hond
denn amel au winduusgrichtete Aasichte –

des sind villicht Uussichte?

Hembglonkereie

Als Hembglonker schlurf i am Morge is Bad,
vubei isch de Fedreball – wie isch des schad!
I ka's kum vewarte, bis d'Nacht wieder kunnt,
im Nachthemb, do bin i so schä kugelrund.
Am liebschde dät i des Hemed nie rab,
drum freit mi au soo desell onzig Dag,
wo d'Leit mitem Nachthemb uf d'Stroße gond
und ihrene Hembzipfel pfludere lond.

Am Schmotzige Dunschdig, wenn's Obed isch,
do hebt's ko Mäschgerle hinderem Disch.
Mit Suublotere, Fackle und Deckel us Blech
glonkered sämtliche Frichtle frech
im Schlepptau vu Großkopfete durch's Revier,
dond „Ho Narro" schreie, bis se heiser sind schier.
Im Nachthemb, do isch me so abtudeet,
me kunnt sich it vor, as wär me bled,
weil allewil hinder de Mode herhinksch
und Maße hosch wie e ägyptische Sphinx.

Nachthemedmacher hond Konjunktur,
wenn's Glonkervolk goht uf Hemed-Schau-Tour.
Mit Borte und Spitze und Biese und Schlitz,
kasch Hemeder senne fir d'Kälte und d'Hitz.
I pfeif uf de Pierrot, i pfeif uf de Vämp,
es glonkert sich hundertmol schänner im Hemb.

Kunnt onner deher, wo's ite veschtoht
und grätige Hämmer zum Muul useloht,
denn klepft merm sin Griesgram rus usem Hirn
und zieght em e Zipfelkapp iber sei Stirn.
Des alles ka me als Hembglonker mache,
am Schmotzige Dunschdig und so, daß d'Leit lache.
Wenn onner sich ufregt und hot kon Humor,
no stell i mer'n eifach im Nachthemed vor.

Brief

Wie schnell vegißt me's gschproche Wort,
es fliegt devu und löst sich uf,
it selte sogar sind ganz fort
d'Gedanke, me kunnt nimme druf;
um die, wo stechet, isch's it schad,
egal, fir wen's war denkt,
sind's guete gsi fir d'Seel und grad,
wär's fir de Augeblick veschenkt.
Drum hot en Brief a Wert vill meh,
es grabt sich besser ei,
er sott natürli frei vu Schmäh,
guet iberleht und ehrlig sei.
Äbs Gschriebes baut e feschte Bruck
fir länger als en onzge Dag,
kunnt denn e Antwort wieder zruck,
kasch sicher si, daß me di mag.

Worterklärungen

bicke	kleben
sinniere, hirne, vekopfe, spintisiere	nachdenken
äbber	einer
zmols	auf einmal, plötzlich
Dutzig	Dutzend
Wecke	Brötchen
Schtucke vier	vier Stück
spachtle	viel vespern
Ranke Speck	Stück Speck
it	nicht
wend	wollen
hei	hat
Kummet	Korsett, Mieder
Huus	Haus
gumpe	wippen, sich hin- und her-bewegen
det	dort
losloo	loslassen
Zitig	Zeitung
friener, früener	früher
Eigmax	Eingemachtes, Marmelade
abelampe	herunterhängen
efange	irgendwann
Mucke	Launen
vegelschtere	verstören

es herbschdelet	es herbstet
Dierle	Tierlein
Spinnebopple	Spinnennetze
obe	oben
abe firbe	herunter fegen
keie	fallen
bache	backen
rumme	aufräumen
veklopfe	verkaufen, verschleudern
niene	nirgends
Uussichte	Aussichten
onzig	einzig
pfludere	wehen
Suublotere	Schweinsblase
Großkopfete	die Prominenz
glonkere	flanieren
senne	sehen

Rosemarie Banholzer

Rosemarie Banholzer, 1925 in Konstanz geboren, war zunächst Angestellte in einem Konstanzer Verlag. Von 1948 bis 1976 unterbrach sie ihre Berufsausübung wegen ihrer Heirat und der Erziehung ihrer fünf Kinder. 1977 kehrte sie als Redaktionssekretärin in den Beruf zurück. 1988 trat sie in den Ruhestand, ist aber weiterhin freie Mitarbeiterin der hiesigen Tageszeitung „Südkurier". Zahlreiche Veröffentlichungen: seit 1978 die ständige Kolumne „'s Frichtle monnt" im „Konstanzer Anzeiger", einem Wochenblatt, Kurzberichte, Glossen und Gedichte in verschiedenen Publikationen, mehrere Bücher in alemannischer Mundart und ein Band Gedichte in Schriftdeutsch, seit 1983 im „Südkurier" die Reime zur Montag-Serie „Lachend in die neue Woche" mit Zeichnungen von Professor Hans Sauerbruch. Beiträge im Hörfunk und im Fernsehen, zahlreiche Lesungen im süddeutschen Raum.

Rosemarie Banholzer ist Mitglied der Muettersproch-Gsellschaft Verein für alemannische Sprache (Sitz Freiburg), des Hebelbundes (Sitz Lörrach) und des Internationalen Bodensee-Clubs Konstanz-Kreuzlingen; seit 1980 Mitarbeiterin der regionalen Volkshochschule Konstanz-Singen und der Volkshochschule Bodenseekreis Friedrichshafen.

Beate Padberg

Beate Padberg, 1944 in Kassel geboren, absolvierte eine Lehre als Einzelhandelskaufmann in der Modebranche. Zunächst arbeitete sie in verschiedenen Firmen in leitenden Positionen, bis sie 1974 den Schritt in die Selbständigkeit wagte.
Als Ausgleich für ihr berufliches Engagement wählte sie die Malerei. Ihr besonderes Interesse galt der Batikmalerei, inzwischen ist die Seidenmalerei hinzugekommen. Ihre bevorzugten Motive sind Blumen-, Tier- und Landschaftsbilder des Bodenseegebiets. Seit 1984 mehrere Ausstellungen in Konstanz und Umgebung. 1985 illustrierte Beate Padberg das von Rosemarie Banholzer herausgegebene Buch „Wenn's weihnachtet" mit Batiken. Seit 1988 gibt sie Kurse in Seidenmalerei.
Sie ist verheiratet und lebt mit ihrem Mann seit fast 20 Jahren in Konstanz.

Inhalt

Jene ganz kleine Geste der Zärtlichkeit
Gedichte und Bilder von Hilde Heyduck-Huth

Hilde Heyduck-Huth, die sich bisher vor allem als Malerin einen Namen gemacht hat, tritt hier zum ersten Mal mit eigenen Gedichten zu ihren Bildern hervor.
Diese Gedichte, die von Alltagssituationen, Gedanken und Träumen ausgehen, sind anspruchsvoll und einfach zugleich. Sie können sich am Anspruch, Literatur zu sein, messen. Sie sind sprachlich so klar geschrieben, daß jeder sie versteht.
In ihren Gedichten beschäftigt sich Hilde Heyduck-Huth mit einer Grundfrage der menschlichen Existenz: dem Spannungsverhältnis von Gemeinschaft und kreativem Alleinsein.
Die zarten und dabei aussagestarken Aquarelle prägen sich dem Betrachter tief ein. Insgesamt ist das Büchlein wie eine behutsame, zärtliche Berührung. Ein schönes Geschenk, wenn es Ihnen um eine liebevolle Geste geht.

Hilde Heyduck-Huth
Jene ganz kleine Geste der Zärtlichkeit
Gedichte und Bilder

Konstanzer Kleine Reihe
im Friedrich Bahn Verlag, Konstanz
46 Seiten, mit 8 Bildern.
Gebunden. DM 9,80

KENNEN SIE DIE LYRIK VON DETLEV BLOCK?
Diese empfindsamen Gedichte sollten Sie lesen.

Mit den Gedichten des Bändchens
STICHPROBE zeigt sich Detlev Block
als Lyriker von Format und als
empfindsamer Zeitgenosse, den
die Erscheinungen dieser Welt
berühren und bewegen.
Er versteht es, Gefühlen Gestalt
und Sprache zu geben;
seine Worte klingen, ihre Melodie
ist unüberhörbar.
Der Leser horcht auf
und spürt, wie diese Worte,
diese Gedanken etwas in
ihm zum Schwingen bringen.

Die zarten und dabei aussage-
starken Aquarelle von
Hilde Heyduck-Huth stehen bei
den Texten als unverwechselbare
Ergänzung. Hier sind Bilder und
Gedichte zu einem künstlerischen
Ganzen zusammengewachsen.

Erschienen ist das Bändchen
im Sonnenweg-Verlag, Konstanz.
Detlev Block STICHPROBE
Bilder von Hilde Heyduck-Huth
48 Seiten. Gebunden. DM 12,80

Für Freunde und Kenner:
EIN BÜCHLEIN ÜBER MEERSBURG
mit Geschichten und viel Information

»MEERSBURG« – Spaziergang durch eine tausendjährige Stadt« von Jutta Cappel-Schad und Erich Hofmann unterscheidet sich wesentlich von den üblichen Städteführern. Jutta Cappel-Schad nimmt den Leser an die Hand und schlendert mit ihm durch die Stadt. Sie erzählt Geschichte und Geschichten, sie zeigt ihm historische Orte und berichtet von Menschen, die diese Stadt geprägt haben. Und das alles in einem so ungezwungenen, lockeren Plauderton, daß der Leser gar nicht anders kann, als von der ersten bis zur letzten Seite fasziniert zuzuhören.
Erich Hofmann (Grafik-Designer und Mitinhaber einer Werbeagentur) zeichnet für die Aufmachung des Buches verantwortlich. Von ihm stammen die Idee, die Buchgestaltung sowie die Fotoaufnahmen. Erich Hofmann hat nicht die üblichen Fotos geschossen. Zu seinen Aufnahmen sagte er: »Ich kenne Meersburg von Kindesbeinen an. Ich habe nun versucht, mit ›neuen‹ Augen durch diese, mir altvertraute Stadt zu gehen – so, als wäre ich nicht zuvor hier gewesen.«